Impressum
Verlag: BABADADA GmbH, Nedderfeld 112 , 22529 Hamburg
Geschäftsführer / Verlagsleitung: Harald Hof
Druck: Books on Demand GmbH, In de Tarpen 42, 22848 Norderstedt

Imprint
Publisher: BABADADA GmbH, Nedderfeld 112 , 22529 Hamburg, Germany
Managing Director / Publishing direction: Harald Hof
Print: Books on Demand GmbH, In de Tarpen 42, 22848 Norderstedt

# Schule

## σχολείο

Klassenzimmer
σχολική τάξη

dividieren
διαιρώ

186/2

Tafel
πίνακας

Schulhof
σχολική αυλή

Lehrer
δάσκαλος

Papier
χαρτί

schreiben
γράφω

Stift
στυλό

Schreibtisch
γραφείο

Lineal
χάρακας

Buch
βιβλίο

Schüler
μαθητής

Ranzen

σχολική τσάντα

Federmappe

κασετίνα/ μολυβοθήκη

Bleistift

μολύβι

Bleistiftanspitzer

ξύστρα

Radiergummi

γόμα

Zeichenblock

μπλοκ ζωγραφικής

Zeichnung

ζωγραφική

Pinsel

πινέλο

Malkasten

κουτί χρωμάτων

Schere

ψαλίδι

Klebstoff

κόλλα

Übungsheft

τετράδιο ασκήσεων

Hausaufgabe

εργασία για το σπίτι

**12**

Zahl

αριθμός

**2+2**

addieren

προσθέτω

**5-2**

subtrahieren

αφαιρώ

**2×2**

multiplizieren

πολλαπλασιάζω

rechnen

υπολογίζω

Buchstabe

γράμμα

ABCDEFG
HIJKLMN
OPQRSTU
VWXYZ

Alphabet

αλφάβητο

Wort

λέξη

Text

κείμενο

lesen

διαβάζω

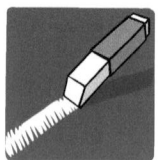

Kreide

κιμωλία

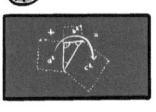

Stunde

μάθημα

Klassenbuch

εγγράφομαι

Prüfung

τεστ

Zeugnis

πιστοποιητικό

Schuluniform

μαθητική στολή

Ausbildung

εκπαίδευση

Lexikon

εγκυκλοπαίδεια

Universität

πανεπιστήμιο

Mikroskop

μικροσκόπιο

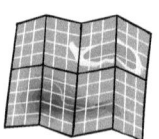

Karte

χάρτης

Papierkorb

καλάθι αχρήστων

# Reise
# ταξίδι

Hotel
ξενοδοχείο
Grand
Herberge
ξενώνας
ROOMS
EXCHANGE
Wechselstube
ανταλλακτήρια συναλλάγματος
Auto
αυτοκίνητο

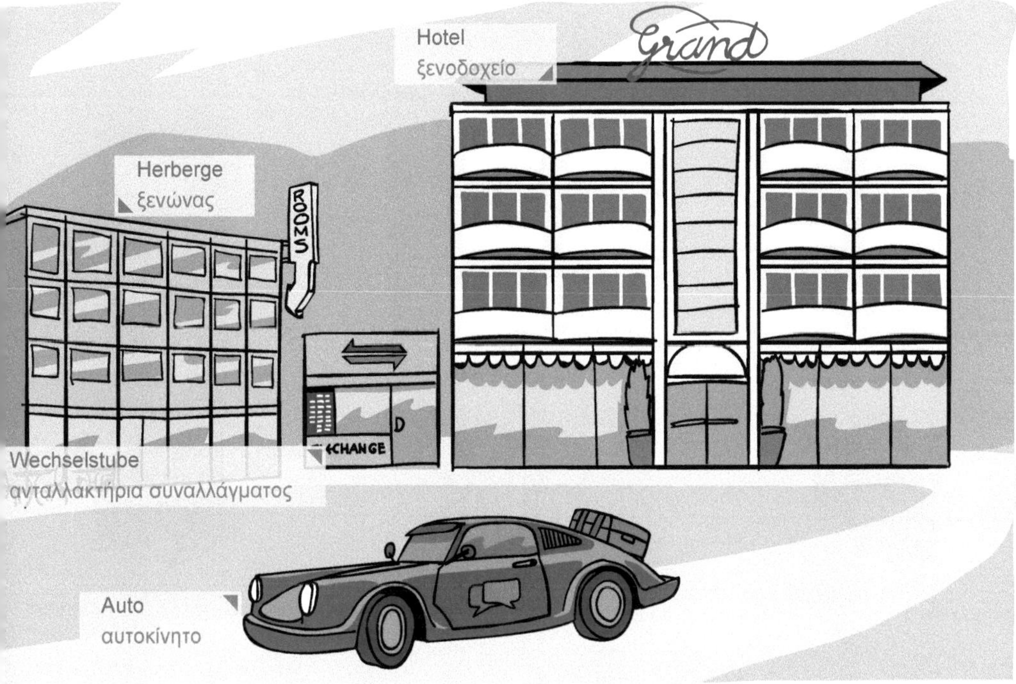

Sprache
γλώσσα

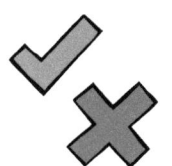

ja / nein
ναι / όχι

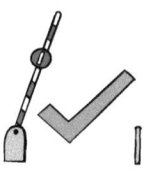

Okay
εντάξει

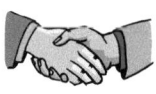

Hallo
γεια σου

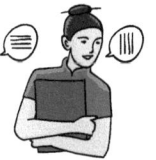

Übersetzer
μεταφραστής

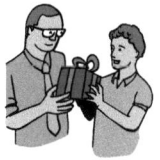

Danke
Ευχαριστώ

Was kostet...?

πόσο κάνει ;

Ich verstehe nicht

Δε καταλαβαίνω

Problem

πρόβλημα

Guten Abend!

Καλησπέρα!

Guten Morgen!

Καλημέρα!

Gute Nacht!

Καληνύχτα!

Auf Wiedersehen

Αντίο

Richtung

κατεύθυνση

Gepäck

αποσκευές

Tasche

τσάντα

Rucksack

σακίδιο πλάτης

Gast

καλεσμένος

Zimmer

δωμάτιο

Schlafsack

υπνόσακος

Zelt

σκηνή

Touristeninformation

ουριστικές πληροφορίες

Strand

παραλία

Kreditkarte

πιστωτική κάρτα

Frühstück

πρωινό

Mittagessen

μεσημεριανό

Abendessen

δείπνο

Fahrkarte

εισιτήριο

Fahrstuhl

ανελκυστήρας

Briefmarke

γραμματόσημο

Grenze

σύνορα

Zoll

τελωνείο

Botschaft

πρεσβεία

Visum

βίζα

Pass

διαβατήριο

# Transport
# μεταφορά

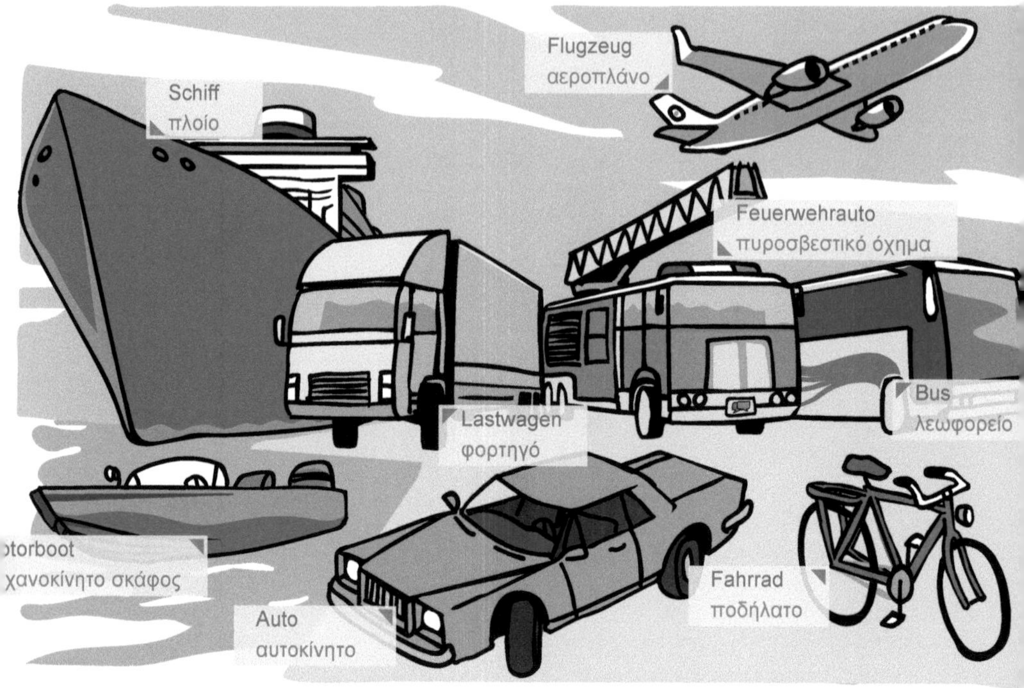

Flugzeug
αεροπλάνο
Schiff
πλοίο
Feuerwehrauto
πυροσβεστικό όχημα
Bus
λεωφορείο
Lastwagen
φορτηγό
torboot
χανοκίνητο σκάφος
Fahrrad
ποδήλατο
Auto
αυτοκίνητο


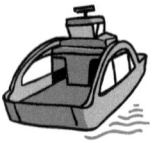

Fähre
φεριμπότ

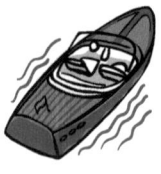

Boot
βάρκα

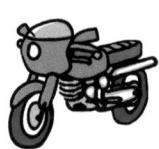

Motorrad
μοτοσικλέτα

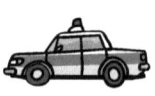

Polizeiauto
περιπολικό

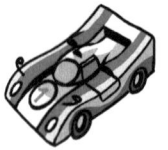

Rennauto
αγωνιστικό αυτοκίνητο

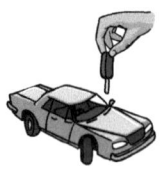

Mietwagen
ενοικιαζόμενο αυτοκίνητο

Carsharing

αμοιρασμός αυτοκινήτων

Abschleppwagen

γερανός

Müllauto

απορριμματοφόρο

Motor

κινητήρας

Kraftstoff

καύσιμο

Tankstelle

βενζινάδικο

Verkehrsschild

πινακίδα σήμανσης

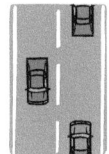

Verkehr

κυκλοφορία

Stau

κυκλοφοριακή συμφόρηση

Parkplatz

χώρος στάθμευσης

Bahnhof

σιδηροδρομικός σταθμός

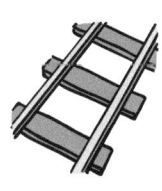

Schienen

σιδηροδρομικές γραμμές

Zug

τρένο

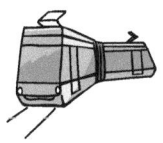

Straßenbahn

τραμ

Wagon

βαγόνι

Helikopter

ελικόπτερο

Flughafen

αεροδρόμιο

Tower

πύργος

Passagier

επιβάτης

Container

εμπορευματοκιβώτιο

Karton

χαρτοκιβώτιο

Karren

καρότσι

Korb

καλάθι

starten / landen

απογειώνομαι /
προσγειόνομαι

## Stadt

## πόλη

Dorf

χωριό

Stadtzentrum

κέντρο της πόλης

Haus

σπίτι

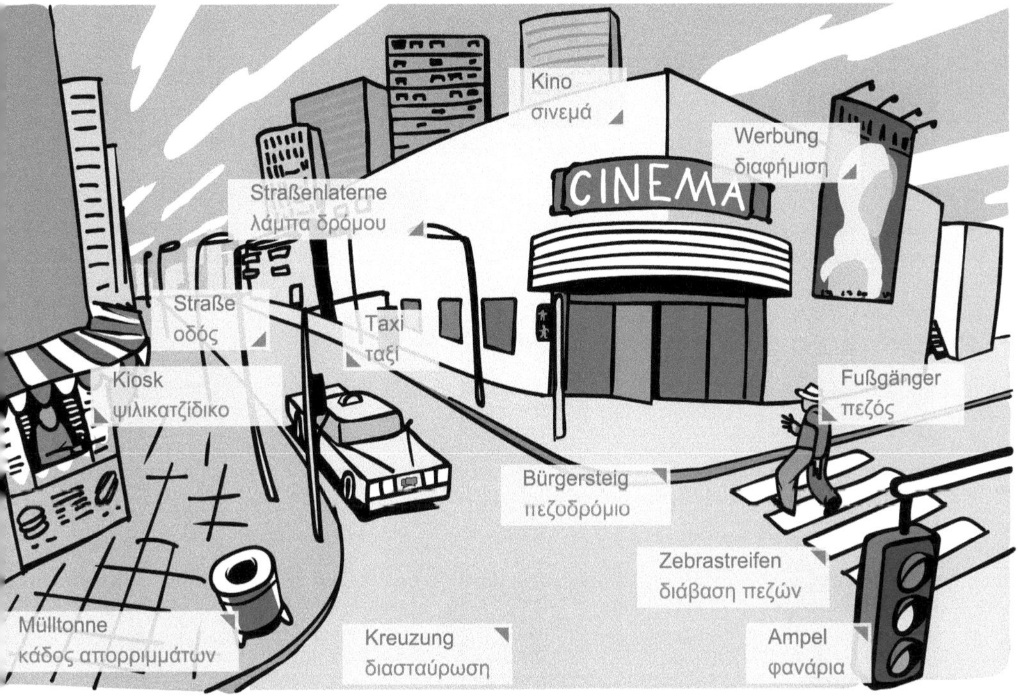

Kino
σινεμά

Werbung
διαφήμιση

Straßenlaterne
λάμπα δρόμου

CINEMA

Straße
οδός

Taxi
ταξί

Fußgänger
πεζός

Kiosk
ψιλικατζίδικο

Bürgersteig
πεζοδρόμιο

Zebrastreifen
διάβαση πεζών

Mülltonne
κάδος απορριμμάτων

Kreuzung
διασταύρωση

Ampel
φανάρια

Hütte

καλύβα

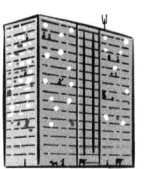

Wohnung

διαμέρισμα

Bahnhof

σιδηροδρομικός σταθμός

Rathaus

δημαρχείο

Museum

μουσείο

Schule

σχολείο

Universität

πανεπιστήμιο

Bank

τράπεζα

Krankenhaus

νοσοκομείο

Hotel

ξενοδοχείο

Apotheke

φαρμακείο

Büro

γραφείο

Buchhandlung

βιβλιοπωλείο

Geschäft

κατάστημα

Blumenladen

ανθοπωλείο

Supermarkt

σούπερ μάρκετ

Markt

αγορά

Kaufhaus

πολυκατάστημα

Fischhändler

ιχθυοπωλείο

Einkaufszentrum

εμπορικό κέντρο

Hafen

λιμάνι

Park

πάρκο

Bank

παγκάκι

Brücke

γέφυρα

Treppe

σκάλες

U-Bahn

μετρό

Tunnel

τούνελ

Bushaltestelle

στάση λεωφορείου

Bar

μπαρ

Restaurant

εστιατόριο

Briefkasten

γραμματοκιβώτιο

Straßenschild

πινακίδα δρόμου

Parkuhr

παρκόμετρο

Zoo

ζωολογικός κήπος

Badeanstalt

πισίνα

Moschee

τζαμί

Bauernhof

αγρόκτημα

Umweltverschmutzung

ρύπανση

Friedhof

νεκροταφείο

Kirche

εκκλησία

Spielplatz

παιδική χαρά

Tempel

ναός

## Landschaft

## τοπίο

Wegweiser
πινακίδα κατεύθυνσης

Weg
δρόμος

Wiese
λιβάδι

Stein
πέτρα

Wanderer
πεζοπόρος

Baum
δέντρο

Fluss
ποτάμι

Gras
χορτάρι

Blume
λουλούδι

Tal
κοιλάδα

Berg
λόφος

See
λίμνη

Wald
δάσος

Wüste
έρημος

Vulkan
ηφαίστειο

Schloss
κάστρο

Regenbogen
ουράνιο τόξο

Pilz
μανιτάρι

Palme
φοίνικας

Moskito
κουνούπι

Fliege
μύγα

Ameise
μυρμήγκι

Biene
μέλισσα

Spinne
αράχνη

Käfer

σκαθάρι

Frosch

βάτραχος

Eichhörnchen

σκίουρος

Igel

σκαντζόχοιρος

Hase

λαγός

Eule

κουκουβάγια

Vogel

πουλί

Schwan

κύκνος

Wildschwein

αγριογούρουνο

Hirsch

ελάφι

Elch

άλκη

Staudamm

φράγμα

Windrad

ανεμογεννήτρια

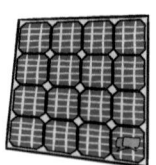

Solarmodul

ηλιακός συλλέκτης

Klima

κλίμα

# Restaurant
## εστιατόριο

**Kellner**
σερβιτόρος

**Speisekarte**
κατάλογος

**Stuhl**
καρέκλα

**Suppe**
σούπα

**Pizza**
πίτσα

**Besteck**
μαχαιροπίρουνα

**Tischdecke**
τραπεζομάντιλο

Vorspeise
ορεκτικό

Hauptgericht
κύριο πιάτο

Nachspeise
επιδόρπιο

Getränke
ποτά

Essen
φαγητό

Flasche
μπουκάλι

Fastfood

φαστ φουντ

Streetfood

φαγητό στ' όρθιο

Teekanne

τσαγιέρα

Zuckerdose

δοχείο ζάχαρης

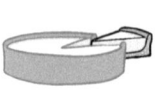

Portion

μερίδα

Espressomaschine

μηχανή εσπρέσο

Hochstuhl

ψηλή καρέκλα

Rechnung

λογαριασμός

Tablett

δίσκος

Messer

μαχαίρι

Gabel

πιρούνι

Löffel

κουτάλι

Teelöffel

κουταλάκι του τσαγιού

Serviette

πετσέτα φαγητού

Glas

ποτήρι

Restaurant - εστιατόριο

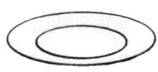

Teller

πιάτο

Suppenteller

πιάτο σούπας

Untertasse

πιατάκι φλιτζανιού

Sauce

σάλτσα

Salzstreuer

αλατιέρα

Pfeffermühle

μύλος για πιπέρι

Essig

ξύδι

Öl

λάδι

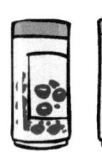

Gewürze

μπαχαρικά

Ketchup

κέτσαπ

Senf

μουστάρδα

Mayonnaise

μαγιονέζα

# Supermarkt
# σούπερ μάρκετ

Angebot
προσφορά
FOR
Kunde
πελάτης
Milchprodukte
γαλακτοκομικά προϊόντα
Obst
φρούτα
Einkaufswagen
καρότσι για ψώνια

BUTCHERS

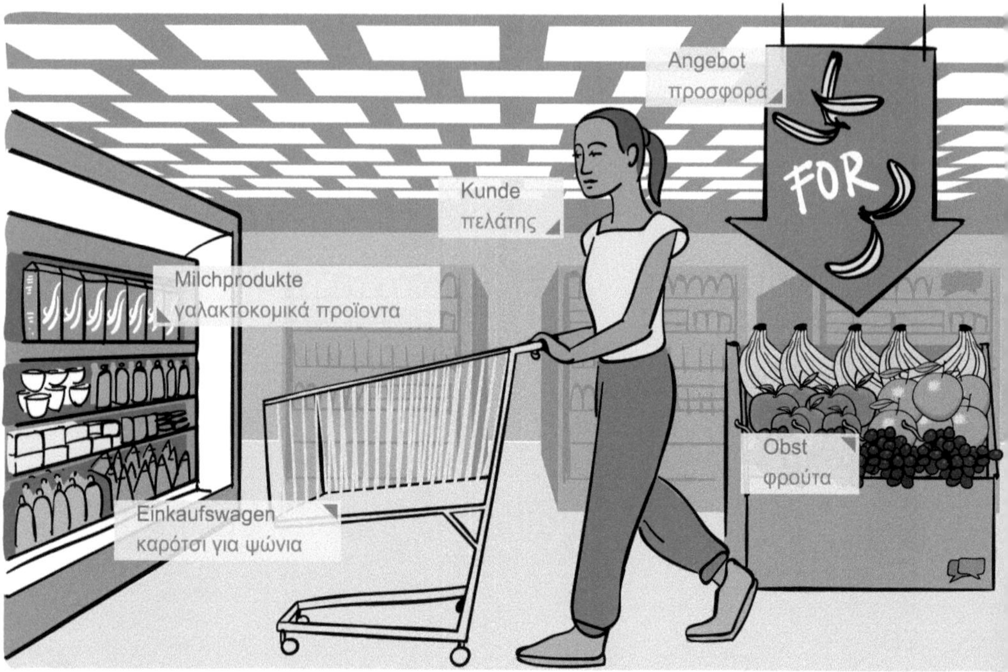

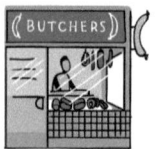

Schlachterei

κρεοπωλείο

BAKERY

Bäckerei

φούρνος

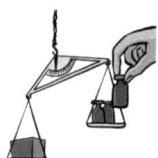

wiegen

ζυγίζω

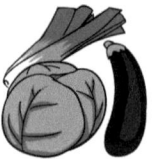

Gemüse

λαχανικά

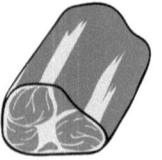

Fleisch

κρέας

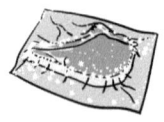

Tiefkühlkost

κατεψυγμένα τρόφιμα

Aufschnitt
αλλαντικά

Konserven
κονσερβοποιημένη τροφή

Waschmittel
απορρυπαντικό ρούχων

Süßigkeiten
γλυκά

Haushaltsartikel
οικιακά είδη

Reinigungsmittel
καθαριστικά προϊόντα

Verkäuferin
πωλήτρια

Kasse
ταμείο

Kassierer
ταμίας

Einkaufsliste
λίστα για ψώνια

Öffnungszeiten
ωράριο λειτουργίας

Brieftasche
πορτοφόλι

Kreditkarte
πιστωτική κάρτα

Tasche
τσάντα

Plastiktüte
πλαστική σακούλα

Wasser

νερό

Saft

χυμός

Milch

γάλα

Cola

κόκα κόλα

Wein

κρασί

Bier

μπίρα

Alkohol

αλκοόλ

Kakao

κακάο

Tee

τσάι

Kaffee

καφές

Espresso

εσπρέσο

Cappuccino

καπουτσίνο

Banane

μπανάνα

Apfel

μήλο

Orange

πορτοκάλι

Melone

πεπόνι

Zitrone

λεμόνι

Karotte

καρότο

Knoblauch

σκόρδο

Bambus

μπαμπού

Zwiebel

κρεμμύδι

Pilz

μανιτάρι

Nüsse

ξηροί καρποί

Nudeln

νουντλς

Spaghetti

μακαρόνια

Reis

ρύζι

Salat

σαλάτα

Pommes frites

πατατάκια

Bratkartoffeln

τηγανητές πατάτες

Pizza

πίτσα

Hamburger

χάμπουργκερ

Sandwich

σάντουιτς

Schnitzel

κοτολέτα

Schinken

ζαμπόν

Salami

σαλάμι

Wurst

λουκάνικο

Huhn

κοτόπουλο

Braten

ψητό

Fisch

ψάρι

Haferflocken
χυλός βρώμης

Müsli
μούσλι

Cornflakes
κορν φλέικς

Mehl
αλεύρι

Croissant
κρουασάν

Brötchen
ψωμάκι

Brot
ψωμί

Toast
τοστ

Kekse
μπισκότα

Butter
βούτυρο

Quark
τυρόπηγμα

Kuchen
κέικ

Ei
αυγό

Spiegelei
τηγανητό αυγό

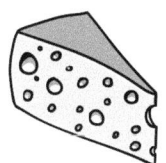

Käse
τυρί

Eiscreme

παγωτό

Zucker

ζάχαρη

Honig

μέλι

Marmelade

μαρμελάδα

Nougat-Creme

άλλειμμα σοκολάτας

Curry

κάρυ

Ziege

κατσίκα

Kuh

αγελάδα

Kalb

μοσχαράκι

Schwein

γουρούνι

Ferkel

γουρουνάκι

Bulle

ταύρος

Gans

χήνα

Ente

πάπια

Küken

κοτοπουλάκι

Huhn

κότα

Hahn

κόκορας

Ratte

αρουραίος

Katze

γάτα

Maus

ποντίκι

Ochse

βόδι

Hund

σκύλος

Hundehütte

σπιτάκι σκύλου

Gartenschlauch

λάστιχο κήπου

Gießkanne

ποτιστήρι

Sense

θεριστήρι

Pflug

αλέτρι

Sichel

δρεπάνι

Hacke

τσάπα

Mistgabel

δίκρανο

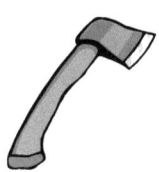

Axt

τσεκούρι

Schubkarre

χειράμαξα

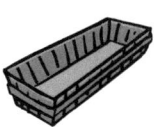

Trog

ταΐστρα

Milchkanne

δοχείο γάλακτος

Sack

σάκος

Zaun

φράχτης

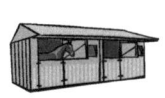

Stall

στάβλος

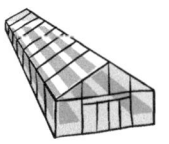

Treibhaus

θερμοκήπιο

Boden

έδαφος

Saat

σπόρος

Dünger

λίπασμα

Mähdrescher

θεριζοαλωνιστική μηχανή

Bauernhof - αγρόκτημα

ernten

θερίζω

Ernte

συγκομιδή

Yamswurzel

γιαμς

Weizen

σιτάρι

Soja

σόγια

Kartoffel

πατάτα

Mais

καλαμπόκι

Raps

κράμβη

Obstbaum

οπωροφόρο δέντρο

Maniok

μανιόκα

Getreide

δημητριακά

# Haus

# σπίτι

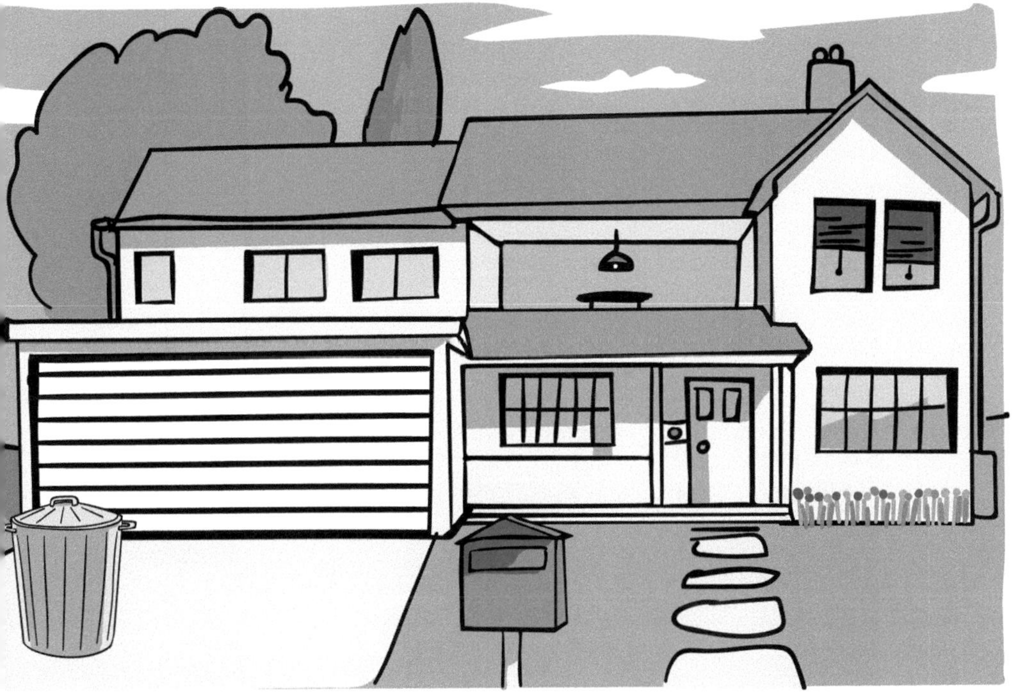

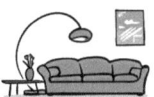

Wohnzimmer

σαλόνι

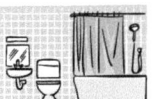

Badezimmer

μπάνιο

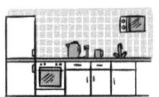

Küche

κουζίνα

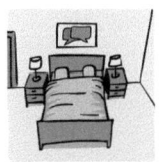

Schlafzimmer

υπνοδωμάτιο

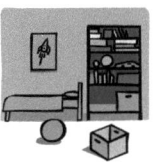

Kinderzimmer

παιδικό δωμάτιο

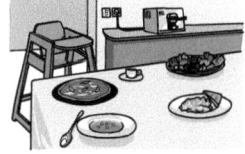

Esszimmer

τραπεζαρία

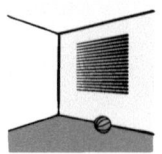

Boden

πάτωμα

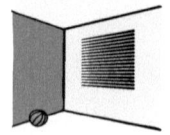

Wand

τοίχος

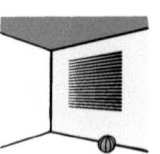

Decke

οροφή

Keller

κελάρι

Sauna

σάουνα

Balkon

μπαλκόνι

Terrasse

βεράντα

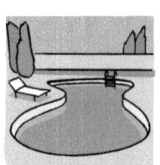

Schwimmbad

πισίνα

Rasenmäher

μηχανή του γκαζόν

Bettbezug

σεντόνι

Bettdecke

κάλυμμα κρεβατιού

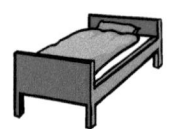

Bett

κρεβάτι

Besen

σκούπα

Eimer

κουβάς

Schalter

διακόπτης

# Wohnzimmer

## σαλόνι

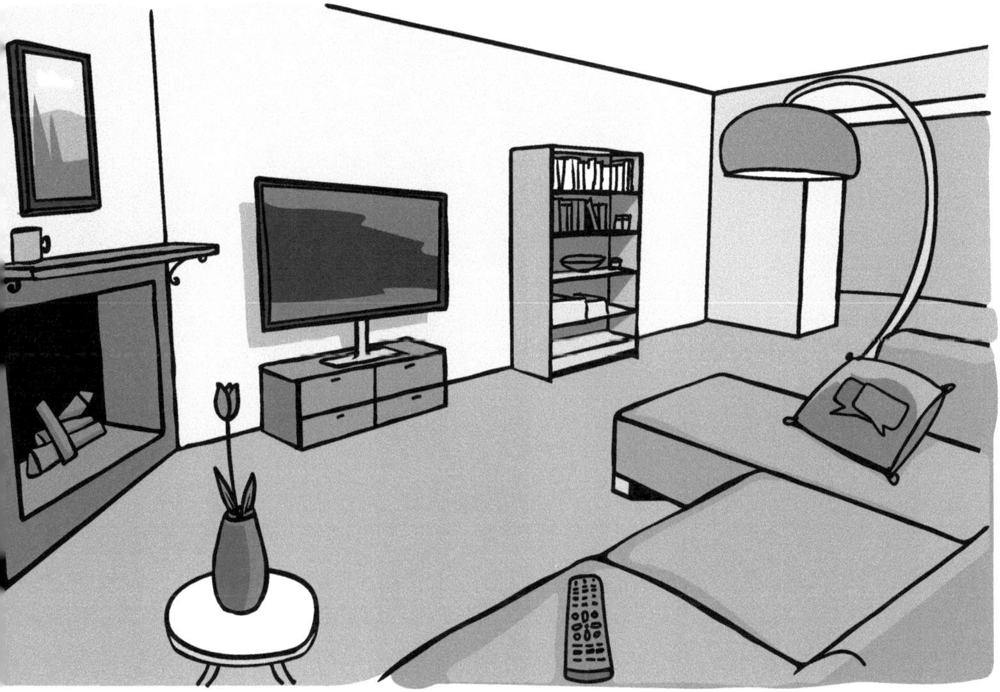

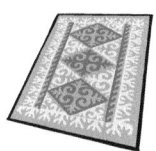

Teppich

χαλί

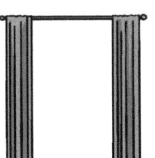

Vorhang

κουρτίνα

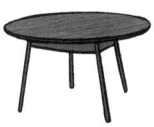

Tisch

τραπέζι

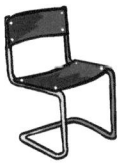

Stuhl

καρέκλα

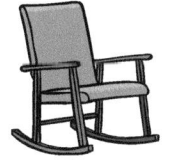

Schaukelstuhl

κουνιστή πολυθρόνα

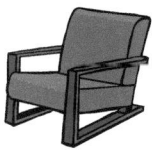

Sessel

πολυθρόνα

Buch

βιβλίο

Decke

κουβέρτα

Dekoration

διακόσμηση

Feuerholz

καυσόξυλα

Film

ταινία

Stereoanlage

στερεοφωνικό σύστημα

Schlüssel

κλειδί

Zeitung

εφημερίδα

Gemälde

πίνακας ζωγραφικής

Poster

αφίσα

Radio

ραδιόφωνο

Notizblock

σημειωματάριο

Staubsauger

ηλεκτρική σκούπα

Kaktus

κάκτος

Kerze

κερί

# Küche
# κουζίνα

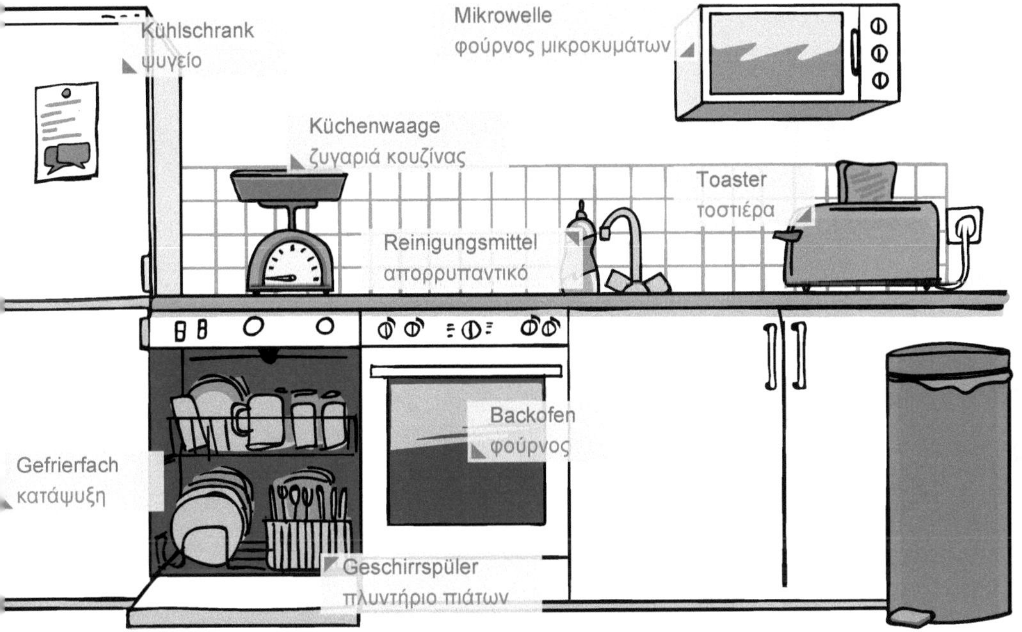
Kühlschrank
ψυγείο
Mikrowelle
φούρνος μικροκυμάτων
Küchenwaage
ζυγαριά κουζίνας
Toaster
τοστιέρα
Reinigungsmittel
απορρυπαντικό
Backofen
φούρνος
Gefrierfach
κατάψυξη
Geschirrspüler
πλυντήριο πιάτων

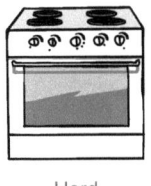

Herd
κουζίνα

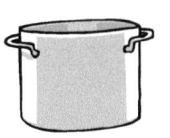

Topf
κατσαρόλα

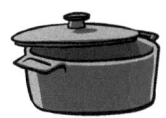

Eisentopf
μαντεμένια κατσαρόλα

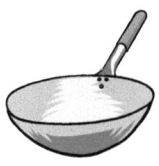

Wok / Kadai
γουόκ/καντάι

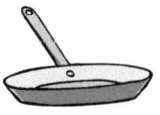

Pfanne
τηγάνι

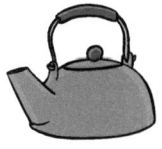

Wasserkocher
βραστήρας

Dampfgarer

ατμομάγειρας

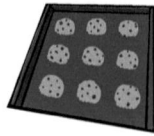

Backblech

ταψί

Geschirr

πιατικά

Becher

κούπα

Schale

μπολ

Essstäbchen

ξυλάκια

Suppenkelle

κουτάλα

Pfannenwender

σπάτουλα

Schneebesen

ανακατεύω

Kochsieb

σουρωτήρι

Sieb

σουρωτηράκι

Reibe

τρίφτης

Mörser

γουδί

Grill

ψησταριά

Feuerstelle

ανοιχτή φωτιά

Schneidebrett

σανίδα κοπής

Nudelholz

πλάστης

Korkenzieher

ανοιχτήρι φελλών

Dose

κονσέρβα

Dosenöffner

ανοιχτήρι κονσέρβας

Topflappen

γάντι φούρνου

Waschbecken

νεροχύτης

Bürste

βούρτσα

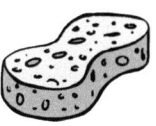

Schwamm

σφουγγάρι

Mixer

μπλέντερ

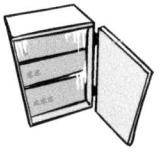

Gefriertruhe

καταψύκτης

Babyflasche

μπιμπερό

Wasserhahn

βρύση

# Badezimmer

## μπάνιο

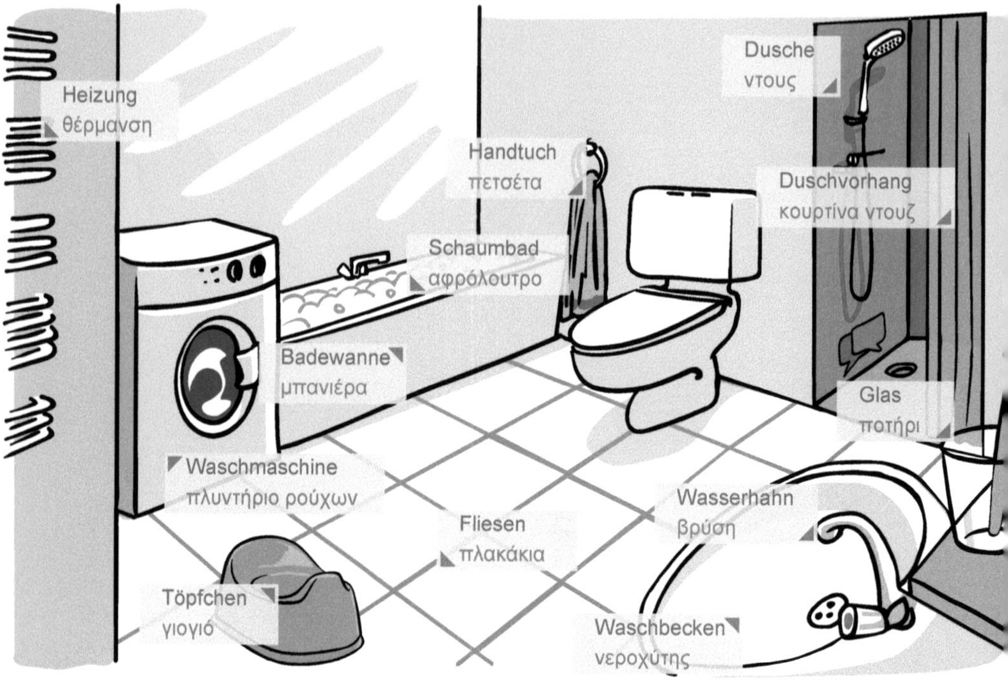

Dusche
ντους
Heizung
θέρμανση
Handtuch
πετσέτα
Duschvorhang
κουρτίνα ντους
Schaumbad
αφρόλουτρο
Badewanne
μπανιέρα
Glas
ποτήρι
Waschmaschine
πλυντήριο ρούχων
Wasserhahn
βρύση
Fliesen
πλακάκια
Töpfchen
γιογιό
Waschbecken
νεροχύτης


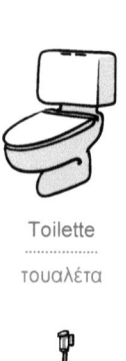

Toilette
τουαλέτα

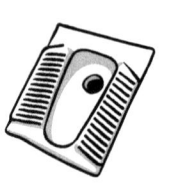

Hocktoilette
τούρκικη τουαλέτα

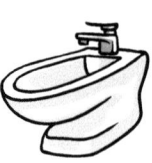

Bidet
μπιντές

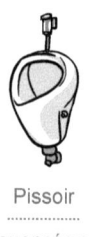

Pissoir
ουρητήριο

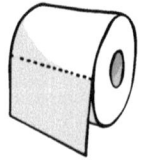

Toilettenpapier
χαρτί υγείας

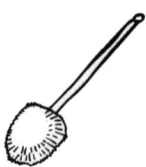

Toilettenbürste
πιγκάλ

Zahnbürste

οδοντόβουρτσα

Zahnpasta

οδοντόκρεμα

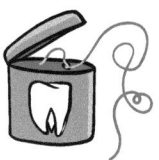

Zahnseide

οδοντικό νήμα

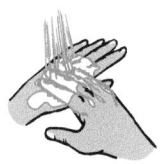

waschen

πλένω

Handbrause

τηλέφωνο ντους

Intimdusche

ντουσιέρα

Waschschüssel

λεκάνη

Rückenbürste

βούρτσα πλάτης

Seife

σαπούνι

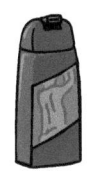

Duschgel

αφρόλουτρο

Shampoo

σαμπουάν

Waschlappen

φανέλα

Abfluss

σιφόνι

Creme

κρέμα

Deodorant

αποσμητικό

Spiegel

καθρέφτης

Kosmetikspiegel

καθρέφτης χειρός

Rasierer

ξυραφάκι

Rasierschaum

αφρός ξυρίσματος

Rasierwasser

αφτερσέιβ

Kamm

χτένα

Bürste

βούρτσα

Föhn

σεσουάρ

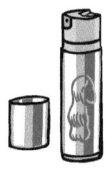

Haarspray

λακ

Makeup

μακιγιάζ

Lippenstift

κραγιόν

Nagellack

βερνίκι νυχιών

Watte

βαμβάκι

Nagelschere

ψαλίδι νυχιών

Parfum

άρωμα

Kulturbeutel

νεσεσέρ

Hocker

σκαμπό

Waage

ζυγαριά

Bademantel

μπουρνούζι

Gummihandschuhe

ελαστικά γάντια

Tampon

ταμπόν

Damenbinde

πετσέτα υγιεινής

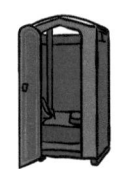

Chemietoilette

χημική τουαλέτα

# Kinderzimmer

# παιδικό δωμάτιο

Wecker
ξυπνητήρι
Kuscheltier
λούτρινο ζωάκι
Spielzeugauto
αυτοκινητάκι
Rassel
κουδουνίστρα
Puppenhaus
κουκλόσπιτο
Geschenk
δώρο


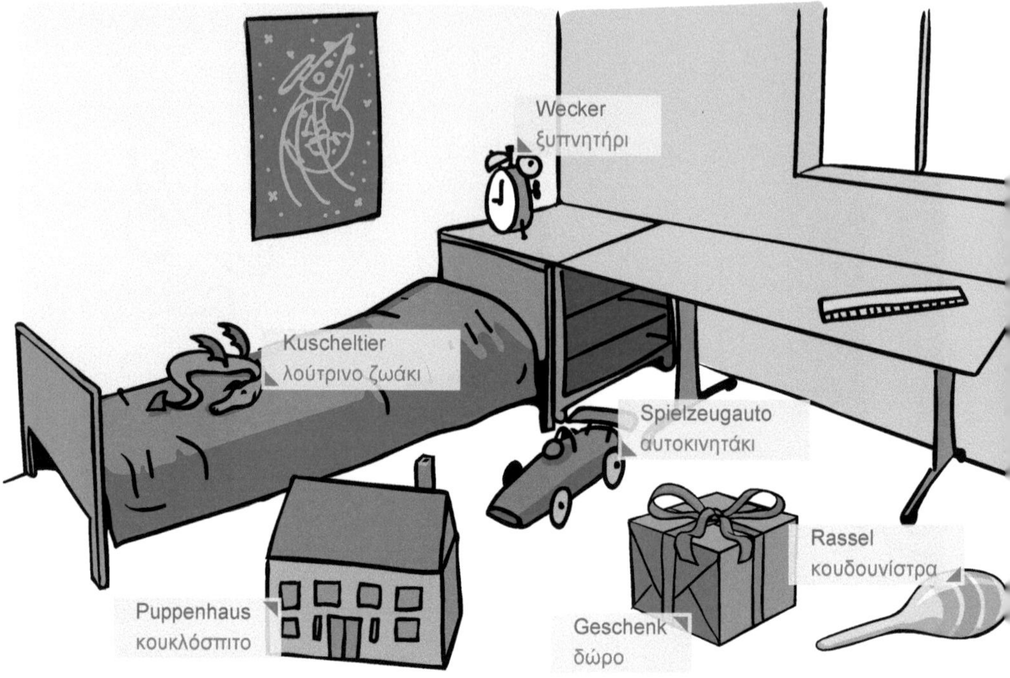

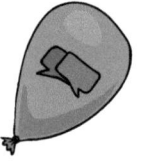

Ballon

μπαλόνι

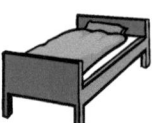

Bett

κρεβάτι

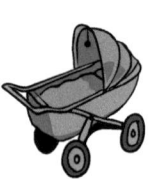

Kinderwagen

καροτσάκι

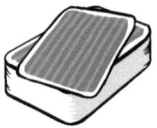

Kartenspiel

τράπουλα

Puzzle

παζλ

SUPER
MEGA


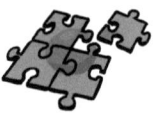

Comic

κόμικς

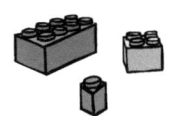

**Legosteine**

τουβλάκια lego

**Bausteine**

τουβλάκια κατασκευών

**Action Figur**

φιγούρα δράσης

**Strampelanzug**

βρεφικό φορμάκι

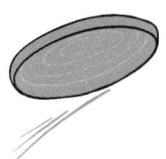

**Frisbee**

φρίσμπι

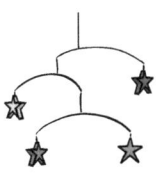

**Mobile**

μόμπιλο

**Brettspiel**

επιτραπέζιο παιχνίδι

**Würfel**

ζάρια

**Modelleisenbahn**

σετ τρενάκι

**Schnuller**

πιπίλα

**Party**

πάρτι

**Bilderbuch**

εικονογραφημένο βιβλίο

**Ball**

μπάλα

**Puppe**

κούκλα

**spielen**

παίζω

Sandkasten

σκάμμα με άμμο

Schaukel

κούνια

Spielzeug

παιχνίδια

Spielkonsole

κονσόλα βιντεοπαιχνιδιών

Dreirad

τρίκυκλο

Teddy

αρκουδάκι

Kleiderschrank

ντουλάπα

## Kleidung

## ρούχα

Socken

κάλτσες

Strümpfe

καλτσοδέτες

Strumpfhose

καλσόν

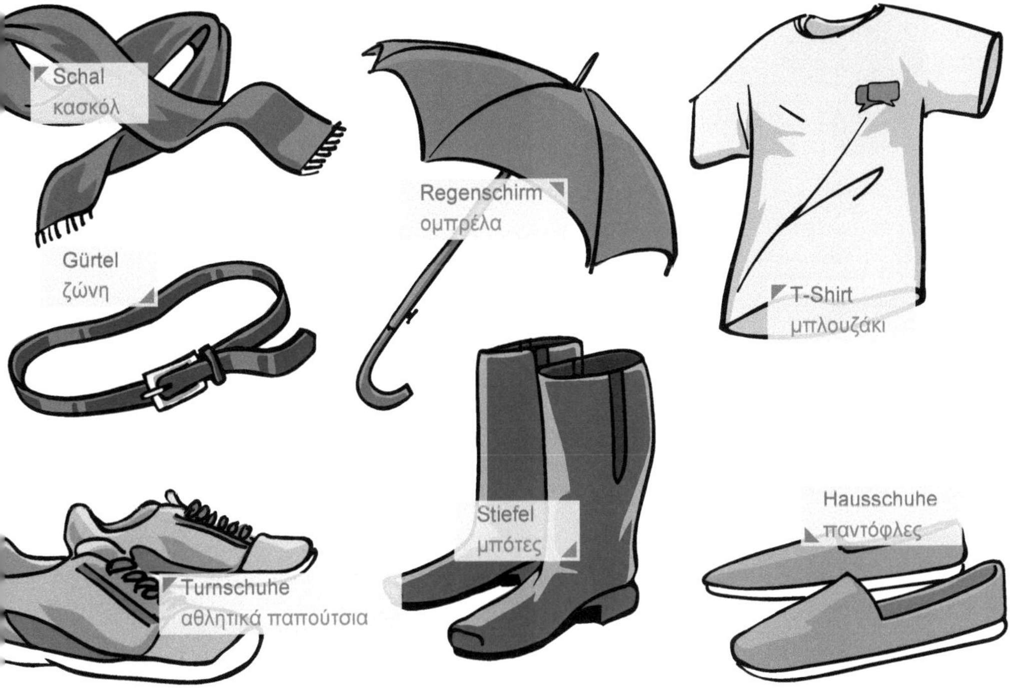

**Schal**
κασκόλ

**Regenschirm**
ομπρέλα

**Gürtel**
ζώνη

**T-Shirt**
μπλουζάκι

**Stiefel**
μπότες

**Hausschuhe**
παντόφλες

**Turnschuhe**
αθλητικά παπούτσια

Sandalen
σανδάλια

Schuhe
παπούτσια

Gummistiefel
γαλότσες

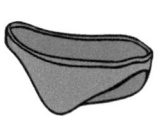

Unterhose
εσώρουχο

Büstenhalter
σουτιέν

Unterhemd
φανέλα

Body

σώμα

Hose

παντελόνι

Jeans

τζιν παντελόνι

Rock

φούστα

Bluse

μπλούζα

Hemd

πουκάμισο

Pullover

πουλόβερ

Kapuzenpullover

πουλόβερ

Blazer

σακάκι

Jacke

μπουφάν

Mantel

παλτό

Regenmantel

αδιάβροχο πανωφόρι

Kostüm

κοστούμι

Kleid

φόρεμα

Hochzeitskleid

νυφικό

Anzug
κοστούμι

Nachthemd
νυχτικό

Schlafanzug
πιτζάμες

Sari
σάρι

Kopftuch
μαντήλι

Turban
τουρμπάνι

Burka
μπούρκα

Kaftan
καφτάνι

Abaya
μουσουλμανικό ένδυμα

Badeanzug
ολόσωμο μαγιό

Badehose
ανδρικό μαγιό

Kurze Hose
σορτς

Trainingsanzug
αθλητική φόρμα

Schürze
ποδιά

Handschuhe
γάντια

Knopf
κουμπί

Brille
γυαλιά

Armband
βραχιόλι

Halskette
περιδέραιο

Ring
δαχτυλίδι

Ohrring
σκουλαρίκι

Mütze
καπέλο

Kleiderbügel
κρεμάστρα

Hut
καπέλο

Krawatte
γραβάτα

Reißverschluss
φερμουάρ

Helm
κράνος

Hosenträger
τιράντες

Schuluniform
μαθητική στολή

Uniform
στολή

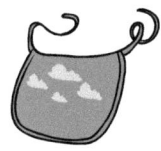

Lätzchen

σαλιάρα

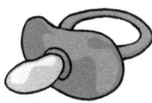

Schnuller

πιπίλα

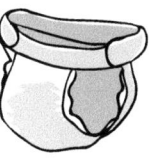

Windel

πάνα

# Büro

# γραφείο

Server
σέρβερ
Aktenschrank
αρχειοθήκη
Drucker
εκτυπωτής
Papier
χαρτί
Monitor
οθόνη
Maus
ποντίκι
Schreibtisch
γραφείο
Ordner
ντοσιέ
Tastatur
πληκτρολόγιο
Stuhl
καρέκλα
Papierkorb
καλάθι αχρήστων
Computer
υπολογιστής

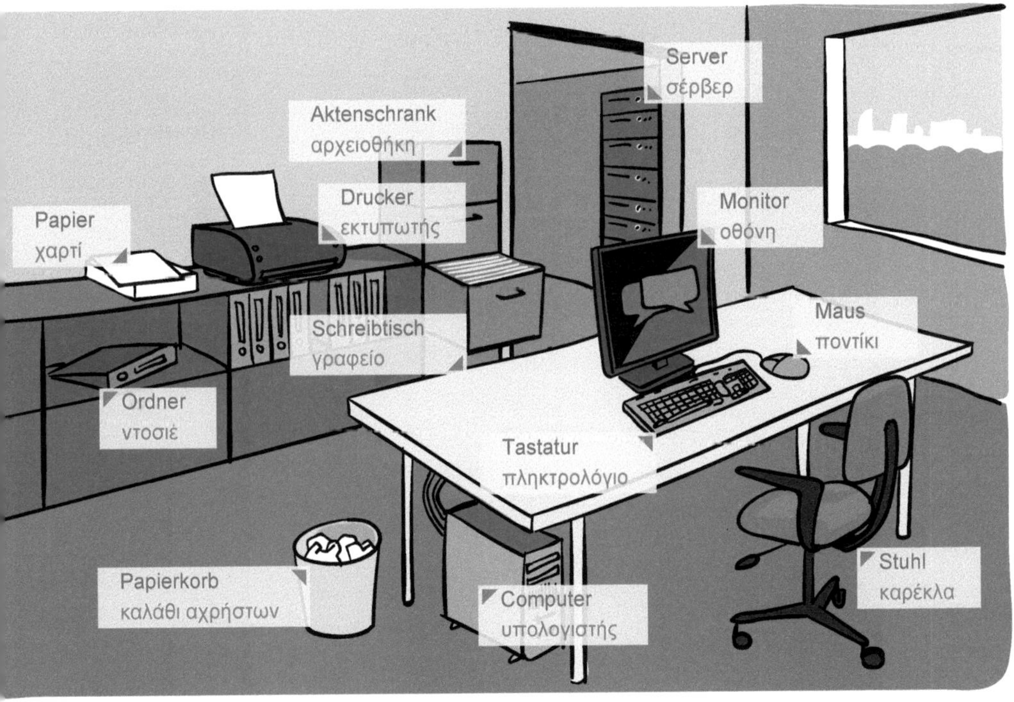

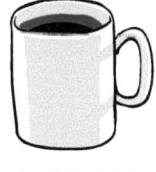

Kaffeebecher

κούπα του καφέ

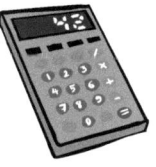

Taschenrechner

κομπιουτεράκι

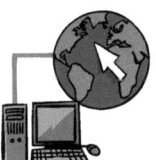

Internet

ίντερνετ

Laptop

λάπτοπ

Brief

γράμμα

Nachricht

μήνυμα

Handy

κινητό

Netzwerk

δίκτυο

Kopierer

φωτοτυπικό μηχάνημα

Software

λογισμικό

Telefon

τηλέφωνο

Steckdose

πρίζα

Fax

συσκευή φαξ

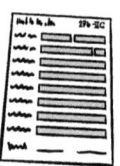

Formular

έντυπο

Dokument

έγγραφο

kaufen

αγοράζω

bezahlen

πληρώνω

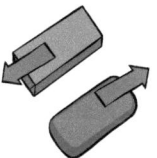

handeln

συναλλάσσομαι

Geld

χρήματα

Dollar

δολάριο

Euro

ευρώ

Yen

γιεν

Rubel

ρούβλι

Franken

ελβετικό φράγκο

Renminbi Yuan

ρενμίνμπι γιουάν

Rupie

ρουπία

Geldautomat

ATM (αυτόματη ταμειακή μηχανή)

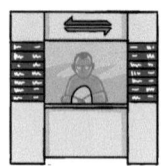

Wechselstube

ανταλλακτήρια συναλλάγματος

Gold

χρυσός

Silber

ασήμι

Öl

πετρέλαιο

Energie

ενέργεια

Preis

τιμή

Vertrag

συμβόλαιο

Steuer

φόρος

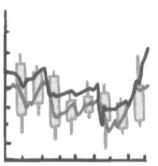

Aktie

μετοχή

arbeiten

δουλεύω

Angestellter

υπάλληλος

Arbeitgeber

εργοδότης

Fabrik

εργοστάσιο

Geschäft

κατάστημα

# Berufe
# επαγγέλματα

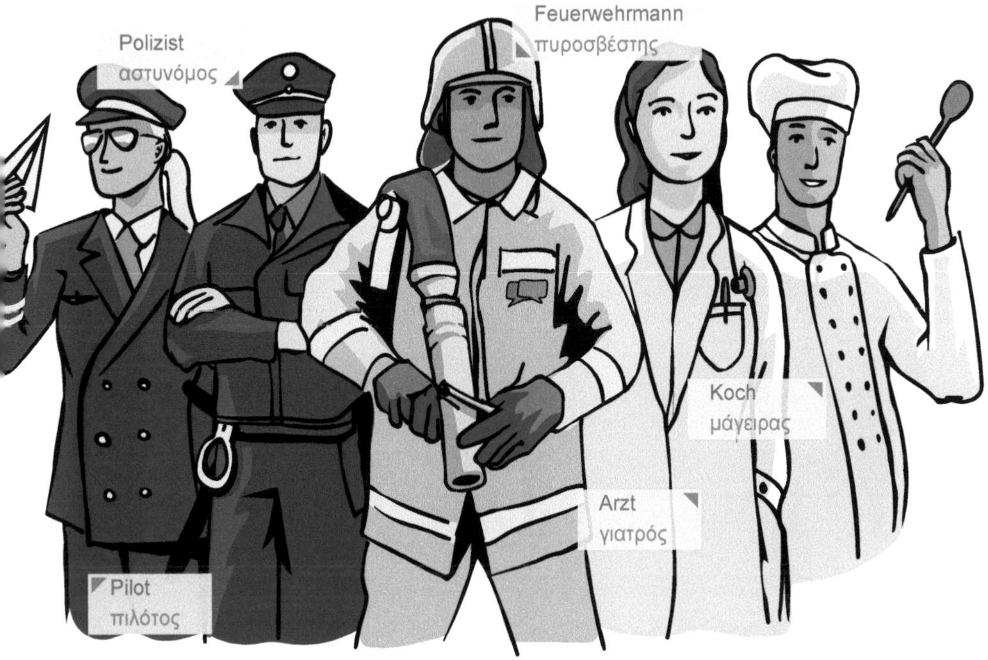

Polizist
αστυνόμος
Feuerwehrmann
πυροσβέστης
Koch
μάγειρας
Arzt
γιατρός
Pilot
πιλότος


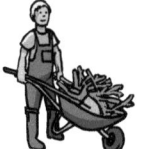

Gärtner

κηπουρός

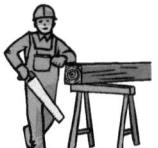

Tischler

ξυλουργός

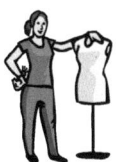

Näherin

μοδίστρα

Richter

δικαστής

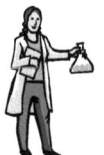

Chemiker

χημικός

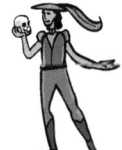

Schauspieler

ηθοποιός

Busfahrer

οδηγός λεωφορείου

Taxifahrer

ταξιτζής

Fischer

ψαράς

Putzfrau

καθαρίστρια

Dachdecker

τεχνίτης στεγών

Kellner

σερβιτόρος

Jäger

κυνηγός

Maler

ζωγράφος

Bäcker

αρτοποιός

Elektriker

ηλεκτρολόγος

Bauarbeiter

οικοδόμος

Ingenieur

μηχανολόγος

Schlachter

κρεοπώλης

Klempner

υδραυλικός

Postbote

ταχυδρόμος

Soldat

στρατιώτης

Architekt

αρχιτέκτονας

Kassierer

ταμίας

Florist

ανθοπώλης

Friseur

κομμωτής

Schaffner

ελεγκτής εισιτηρίων

Mechaniker

μηχανικός

Kapitän

καπετάνιος

Zahnarzt

οδοντίατρος

Wissenschaftler

επιστήμονας

Rabbi

ραβίνος

Imam

ιμάμης

Mönch

μοναχός

Geistlicher

ιερέας

# Werkzeuge
# εργαλεία

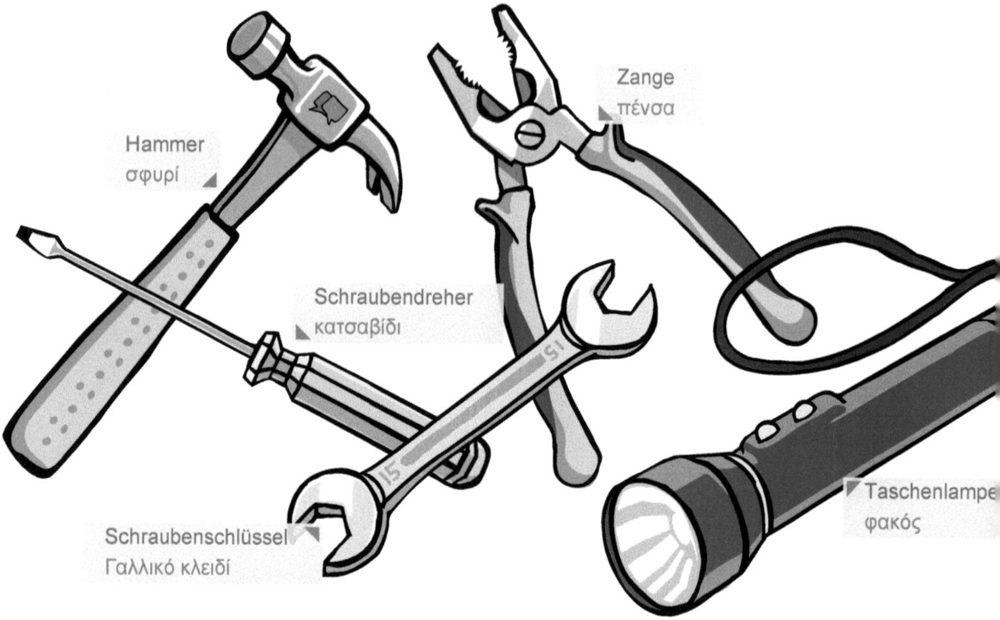
Hammer
σφυρί
Zange
πένσα
Schraubendreher
κατσαβίδι
Schraubenschlüssel
Γαλλικό κλειδί
Taschenlampe
φακός

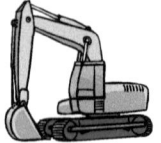

Bagger

εκσκαφέας

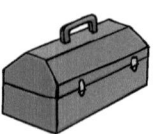

Werkzeugkasten

εργαλειοθήκη

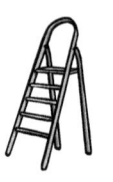

Leiter

σκάλα

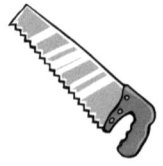

Säge

πριόνι

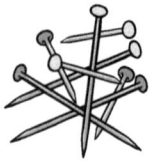

Nägel

καρφιά

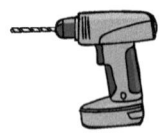

Bohrer

τρυπάνι

reparieren

επισκευάζω

Schaufel

φτυάρι

Mist!

Να πάρει!

Kehrblech

φαράσι

Farbtopf

δοχείο χρωμάτων

Schrauben

βίδες

# Musikinstrumente
## μουσικά όργανα

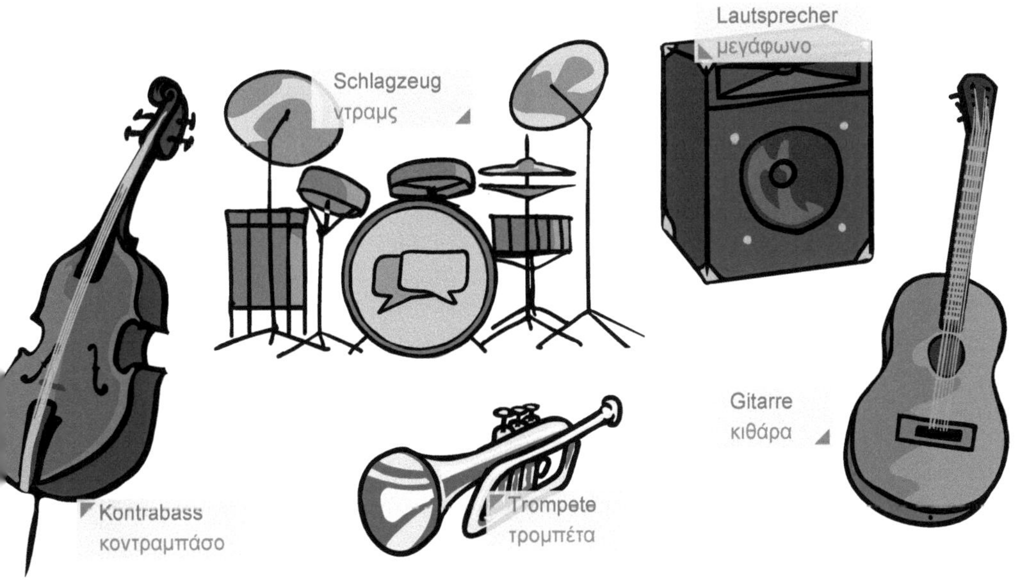

Schlagzeug
ντραμς

Lautsprecher
μεγάφωνο

Kontrabass
κοντραμπάσο

Trompete
τρομπέτα

Gitarre
κιθάρα

Klavier

πιάνο

Violine

βιολί

Bass

μπάσο

Pauke

τύμπανα

Trommeln

τύμπανο

Keyboard

πλήκτρα

Saxophon

σαξόφωνο

Flöte

φλάουτο

Mikrofon

μικρόφωνο

# Zoo

# ζωολογικός κήπος

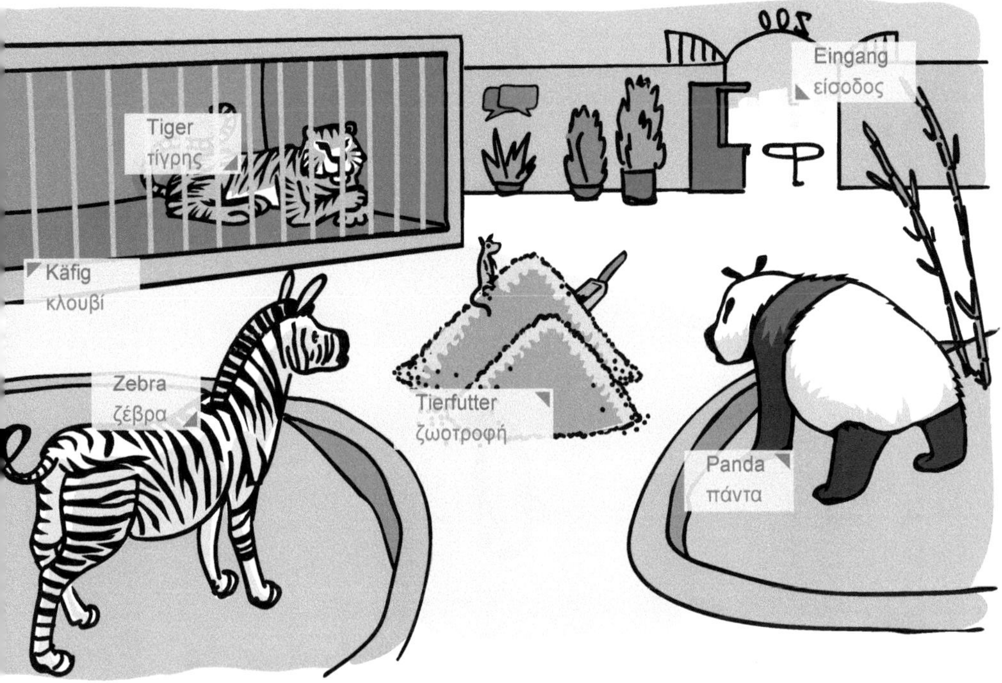
Tiger
τίγρης
Eingang
είσοδος
Käfig
κλουβί
Zebra
ζέβρα
Tierfutter
ζωοτροφή
Panda
πάντα

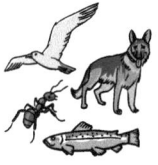

Tiere

ζώα

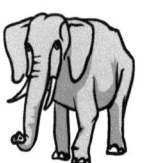

Elefant

ελέφαντας

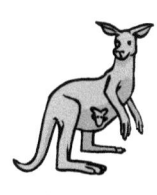

Känguru

καγκουρό

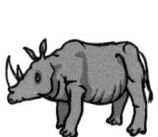

Nashorn

ρινόκερος

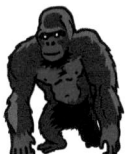

Gorilla

γορίλας

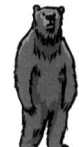

Bär

αρκούδα

Kamel

καμήλα

Strauß

στρουθοκάμηλος

Löwe

λιοντάρι

Affe

πίθηκος

Flamingo

φλαμίνγκο

Papagei

παπαγάλος

Eisbär

πολική αρκούδα

Pinguin

πιγκουίνος

Hai

καρχαρίας

Pfau

παγώνι

Schlange

φίδι

Krokodil

κροκόδειλος

Zoowärter

φύλακας ζωολογικού κήπου

Robbe

φώκια

Jaguar

τζάγκουαρ

Zoo - ζωολογικός κήπος

Pony

πόνυ

Leopard

λεοπάρδαλη

Nilpferd

ιπποπόταμος

Giraffe

καμηλοπάρδαλη

Adler

αετός

Wildschwein

αγριογούρουνο

Fisch

ψάρι

Schildkröte

χελώνα

Walross

θαλάσσιος ίππος

Fuchs

αλεπού

Gazelle

γαζέλα

American Football
Αμερικάνικο ποδόσφαιρο

Radfahren
ποδηλασία

Tennis
αντισφαίριση

Basketball
μπάσκετ

Schwimmen
κολύμβηση

Boxen
πυγχαμία

Eishockey
χόκεϋ επί πάγου

Fußball
ποδόσφαιρο

Badminton
μπάντμιντον

Leichtathletik
στίβος

Handball
χάντμπολ

Skilaufen
σκι

Polo
πόλο

# Aktivitäten
# δραστηριότητες

lachen
γελάω
springen
πηδάω
umarmen
αγκαλιάζω
gehen
περπατάω
singen
τραγουδάω
träumen
ονειρεύομαι
beten
προσεύχομαι
küssen
φιλάω

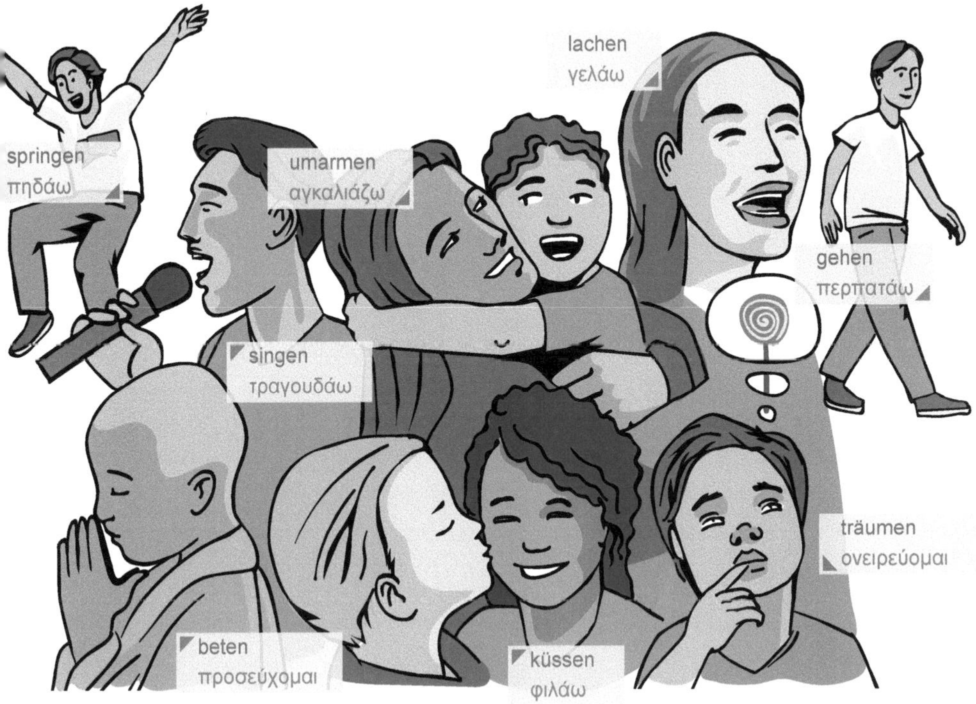

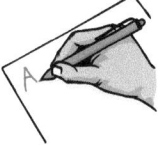

schreiben

γράφω

zeichnen

σχεδιάζω

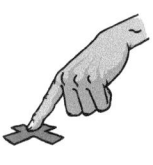

zeigen

δείχνω

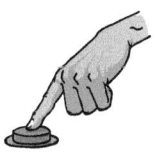

drücken

πιέζω

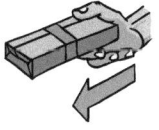

geben

δίνω

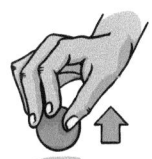

nehmen

παίρνω

haben

έχω

tun

κάνω

sein

είμαι

stehen

στέκομαι

laufen

τρέχω

ziehen

τραβάω

werfen

ρίχνω

fallen

πέφτω

liegen

ξαπλώνω

warten

περιμένω

tragen

κουβαλώ

sitzen

κάθομαι

anziehen

φοράω

schlafen

κοιμάμαι

aufwachen

ξυπνάω

ansehen

κοιτάω

weinen

κλαίω

streicheln

χαϊδεύω

kämmen

χτενίζω

reden

μιλάω

verstehen

καταλαβαίνω

fragen

ρωτάω

hören

ακούω

trinken

πίνω

essen

τρώω

aufräumen

συγυρίζω

lieben

αγαπάω

kochen

μαγειρεύω

fahren

οδηγώ

fliegen

πετάω

segeln

κάνω ιστιοπλοΐα

rechnen

υπολογίζω

lesen

διαβάζω

lernen

μαθαίνω

arbeiten

δουλεύω

heiraten

παντρεύομαι

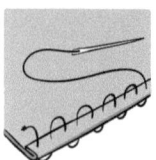

nähen

ράβω

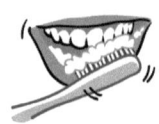

Zähne putzen

βουρτσίζω τα δόντια

töten

σκοτώνω

rauchen

καπνίζω

senden

στέλνω

# Familie

## οικογένεια

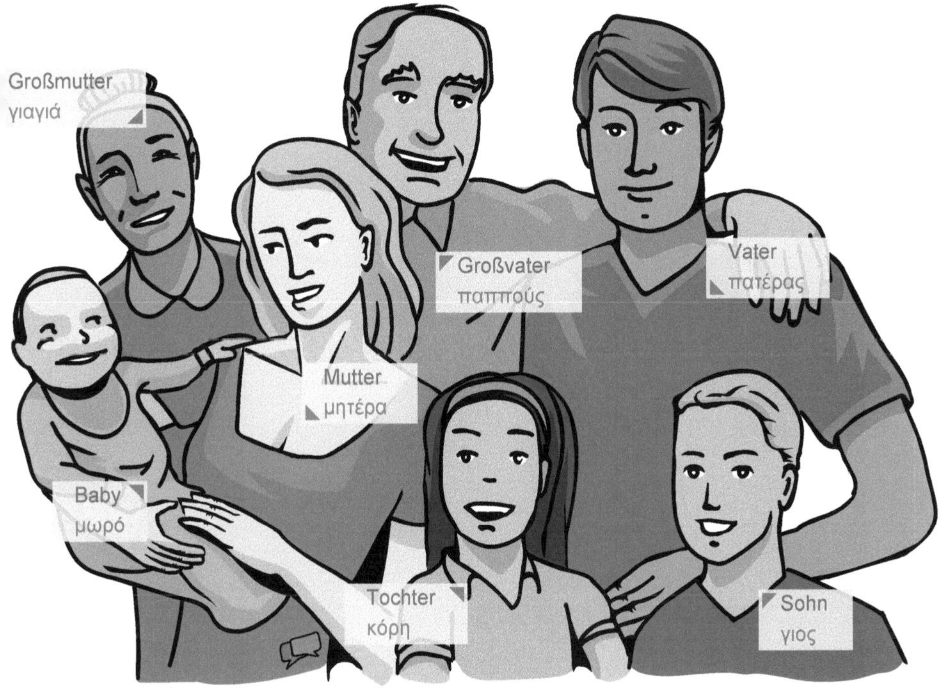
Großmutter
γιαγιά
Großvater
παππούς
Vater
πατέρας
Mutter
μητέρα
Baby
μωρό
Tochter
κόρη
Sohn
γιος

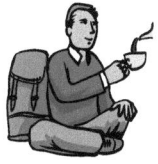

Gast

καλεσμένος

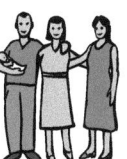

Tante

θεία

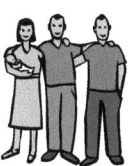

Onkel

θείος

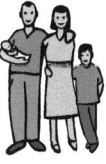

Bruder

αδελφός

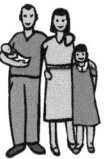

Schwester

αδελφή

# Körper

# σώμα

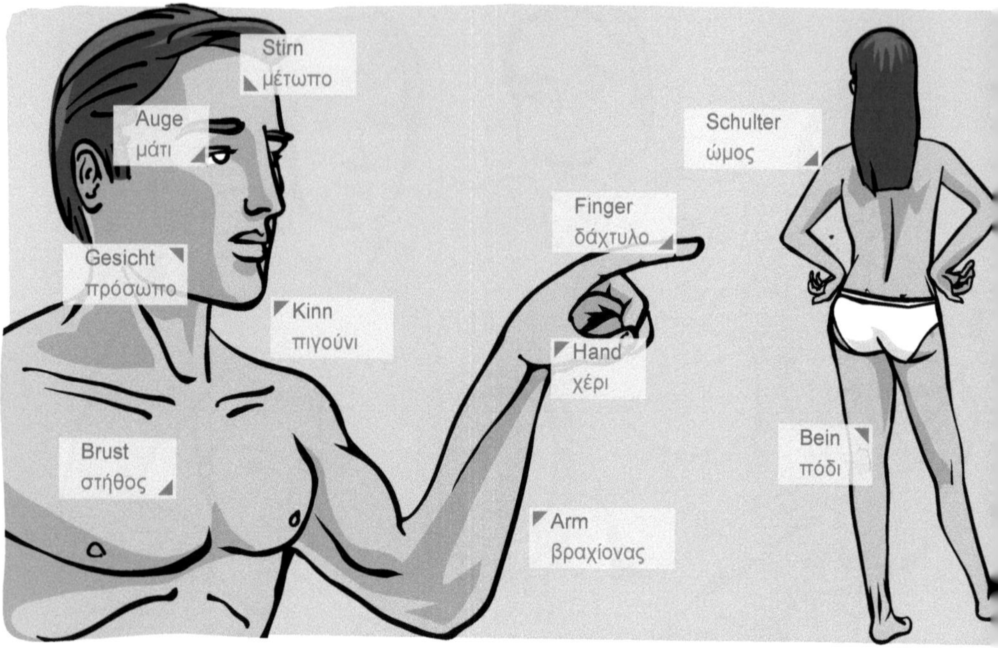
Stirn
μέτωπο
Auge
μάτι
Schulter
ώμος
Finger
δάχτυλο
Gesicht
πρόσωπο
Kinn
πιγούνι
Hand
χέρι
Bein
πόδι
Brust
στήθος
Arm
βραχίονας

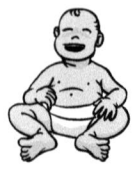

Baby

μωρό

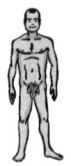

Mann

άνδρας

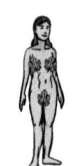

Frau

γυναίκα

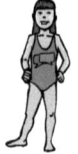

Mädchen

κορίτσι

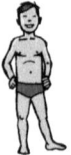

Junge

αγόρι

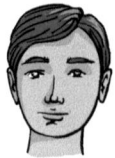

Kopf

κεφάλι

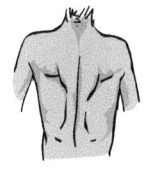

Rücken
πλάτη

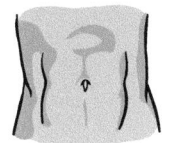

Bauch
κοιλιά

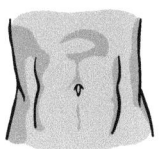

Nabel
αφαλός

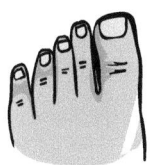

Zeh
δάχτυλο ποδιού

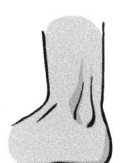

Ferse
φτέρνα

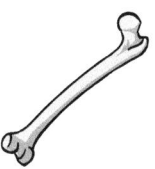

Knochen
κόκκαλο

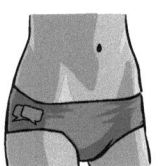

Hüfte
γοφός

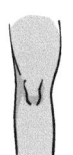

Knie
γόνατο

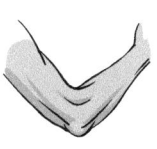

Ellenbogen
αγκώνας

Nase
μύτη

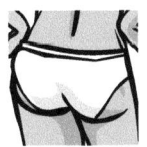

Gesäß
γλουτός

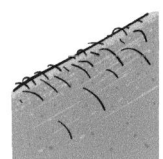

Haut
δέρμα

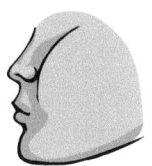

Wange
μάγουλο

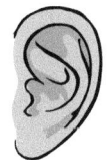

Ohr
αυτί

Lippe
χείλος

Körper - σώμα

Mund

στόμα

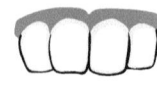

Zahn

δόντι

Zunge

γλώσσα

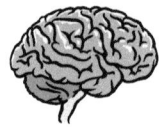

Gehirn

εγκέφαλος

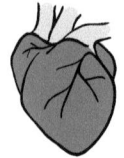

Herz

καρδιά

Muskel

μυς

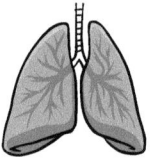

Lunge

πνεύμονας

Leber

συκώτι

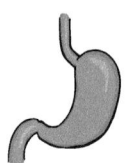

Magen

στομάχι

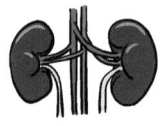

Nieren

νεφρά

Geschlechtsverkehr

σεξουαλική επαφή

Kondom

προφυλακτικό

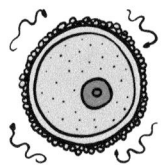

Eizelle

ωάριο

Sperma

σπέρμα

Schwangerschaft

εγκυμοσύνη

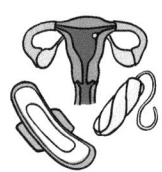

Menstruation

περίοδος

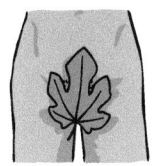

Vagina

γυναικείος κόλπος

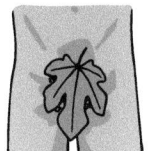

Penis

πέος

Augenbraue

φρύδι

Haar

μαλλιά

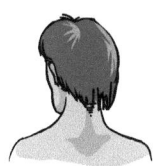

Hals

λαιμός

# Krankenhaus

## νοσοκομείο

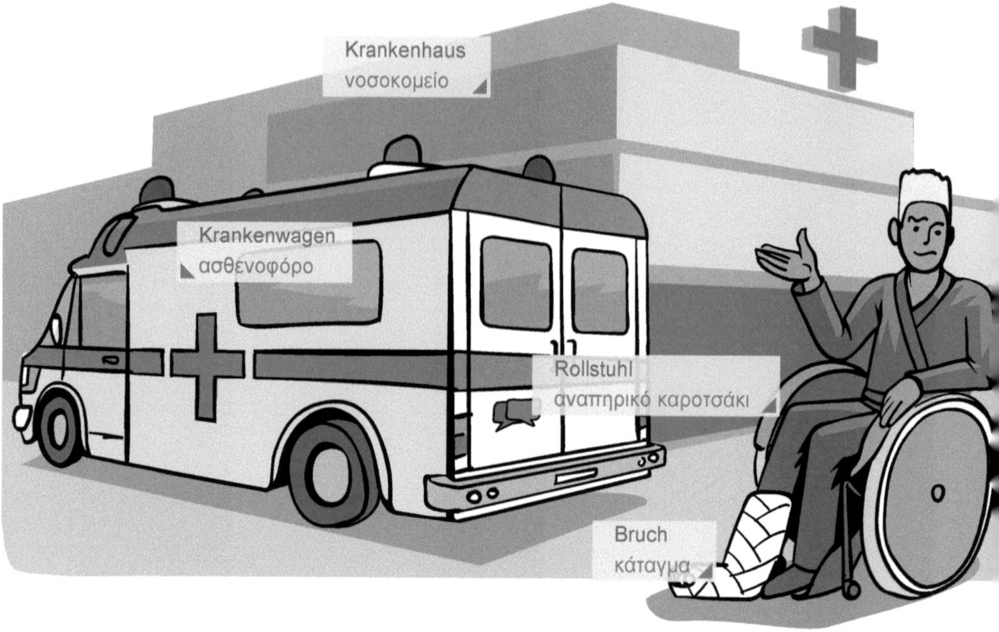

Krankenhaus
νοσοκομείο
Krankenwagen
ασθενοφόρο
Rollstuhl
αναπηρικό καροτσάκι
Bruch
κάταγμα

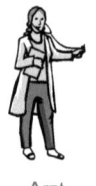

Arzt

γιατρός

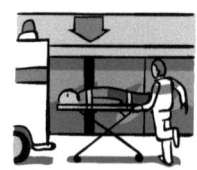

Notaufnahme

μονάδα εντατικής θεραπείας

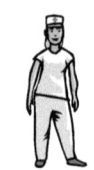

Krankenschwester

νοσοκόμα

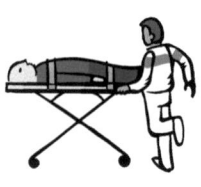

Notfall

έκτακτη ανάγκη

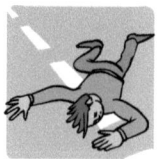

ohnmächtig

λιπόθυμος

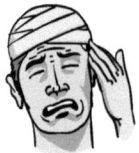

Schmerz

πόνος

Verletzung

τραύμα

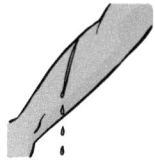

Blutung

αιμορραγία

Herzinfarkt

έμφραγμα

Schlaganfall

εγκεφαλικό

Allergie

αλλεργία

Husten

βήχας

Fieber

πυρετός

Grippe

γρίπη

Durchfall

διάρροια

Kopfschmerzen

πονοκέφαλος

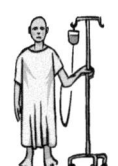

Krebs

καρκίνος

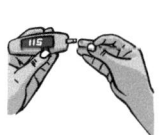

Diabetis

διαβήτης

Chirurg

χειρουργός

Skalpell

νυστέρι

Operation

εγχείρηση

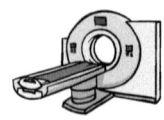

CT
αξονική τομογραφία

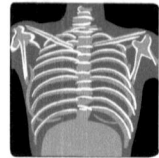

Röntgen
ακτινογραφία

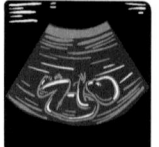

Ultraschall
υπέρηχος

Maske
μάσκα

Krankheit
ασθένεια

Wartezimmer
αίθουσα αναμονής

Krücke
πατερίτσα

Pflaster
χάνσαπλαστ

Verband
επίδεσμος

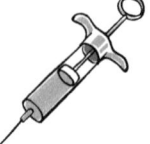

Injektion
ένεση

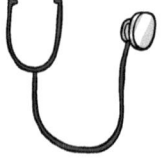

Stethoskop
στηθοσκόπιο

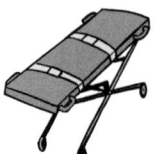

Trage
φορείο

Thermometer
θερμόμετρο

Geburt
γέννηση

Übergewicht
υπέρβαρο

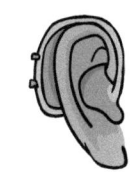

Hörgerät

ακουστικό βαρηκοΐας

Desinfektionsmittel

αντισηπτικό

Infektion

λοίμωξη

Virus

ιός

HIV / AIDS

HIV/AIDS

Medizin

φάρμακο

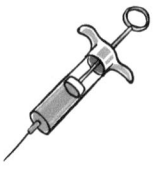

Impfung

εμβολιασμός

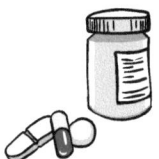

Tabletten

δισκία

Pille

χάπι

Notruf

λήση έκτακτης ανάγκης

Blutdruck-Messgerät

πιεσόμετρο αίματος

krank / gesund

άρρωστος / υγιής

| |  |  |
|---|---|---|
| Hilfe! | Alarm | Überfall |
| Βοήθεια! | συναγερμός | βιαιοπραγία |

| 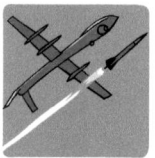 |  |  |
|---|---|---|
| Angriff | Gefahr | Notausgang |
| επίθεση | κίνδυνος | έξοδος κινδύνου |

| |  |  |
|---|---|---|
| Feuer! | Feuerlöscher | Unfall |
| Φωτιά! | πυροσβεστήρας | ατύχημα |

| 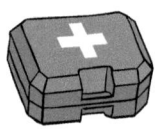 |  |  |
|---|---|---|
| Erste-Hilfe-Koffer | SOS | Polizei |
| κουτί πρώτων βοηθειών | SOS | αστυνομία |

Europa

Ευρώπη

Nordamerika

Βόρεια Αμερική

Südamerika

Νότια Αμερική

Afrika

Αφρική

Asien

Ασία

Australien

Αυστραλία

Atlantik

Ατλαντικός Ωκεανός

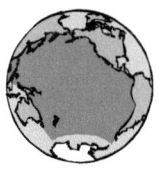

Pazifik

Ειρηνικός Ωκεανός

Indischer Ozean

Ινδικός Ωκεανός

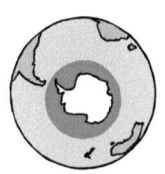

Antarktischer Ozean

Ανταρκτικός Ωκεανός

Arktischer Ozean

Αρκτικός Ωκεανός

Nordpol

Βόρειος Πόλος

Südpol

Νότιος Πόλος

Antarktis

Ανταρκτική

Erde

Γη

Land

γη

Meer

θάλασσα

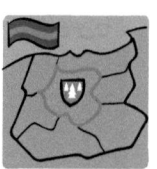

Insel

νησί

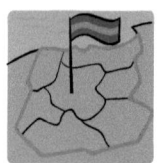

Nation

έθνος

Staat

πολιτεία

Zifferblatt

καντράν ρολογιού

Stundenzeiger

ωροδείκτης

Minutenzeiger

λεπτοδείκτης

Sekundenzeiger

δείκτης δευτερολέπτων

Wie spät ist es?

Τι ώρα είναι;

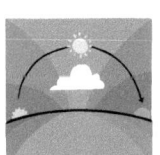

Tag

ημέρα

Zeit

χρόνος

jetzt

τώρα

Digitaluhr

ψηφιακό ρολόι

Minute

λεπτό

Stunde

ώρα

# Woche
## εβδομάδα

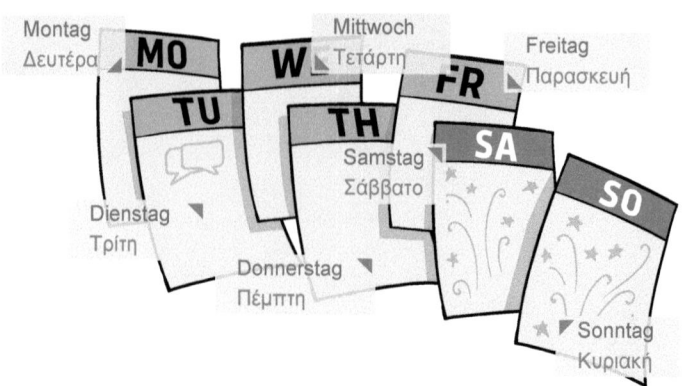

gestern
χθες

heute
σήμερα

morgen
αύριο

Morgen
πρωί

Mittag
μεσημέρι

Abend
βράδυ

| MO | TU | WE | TH | FR | SA | SU |
|----|----|----|----|----|----|----|
| 1 | 2 | 3 | 4 | 5 | 6 | 7 |
| 8 | 9 | 10 | 11 | 12 | 13 | 14 |
| 15 | 16 | 17 | 18 | 19 | 20 | 21 |
| 22 | 23 | 24 | 25 | 26 | 27 | 28 |
| 29 | 30 | 31 | 1 | 2 | 3 | 4 |

Arbeitstage
εργάσιμες ημέρες

| MO | TU | WE | TH | FR | SA | SU |
|----|----|----|----|----|----|----|
| 1 | 2 | 3 | 4 | 5 | 6 | 7 |
| 8 | 9 | 10 | 11 | 12 | 13 | 14 |
| 15 | 16 | 17 | 18 | 19 | 20 | 21 |
| 22 | 23 | 24 | 25 | 26 | 27 | 28 |
| 29 | 30 | 31 | 1 | 2 | 3 | 4 |

Wochenende
Σαββατοκύριακο

# Jahr
# έτος

Regen
βροχή
Wind
άνεμος
Schnee
χιόνι
Frühling
άνοιξη
Herbst
φθινόπωρο
Sommer
καλοκαίρι
Winter
χειμώνας

4.APRIL 11°
5.APRIL 4°
6.APRIL 13°
7.APRIL 8°
8.APRIL 10°

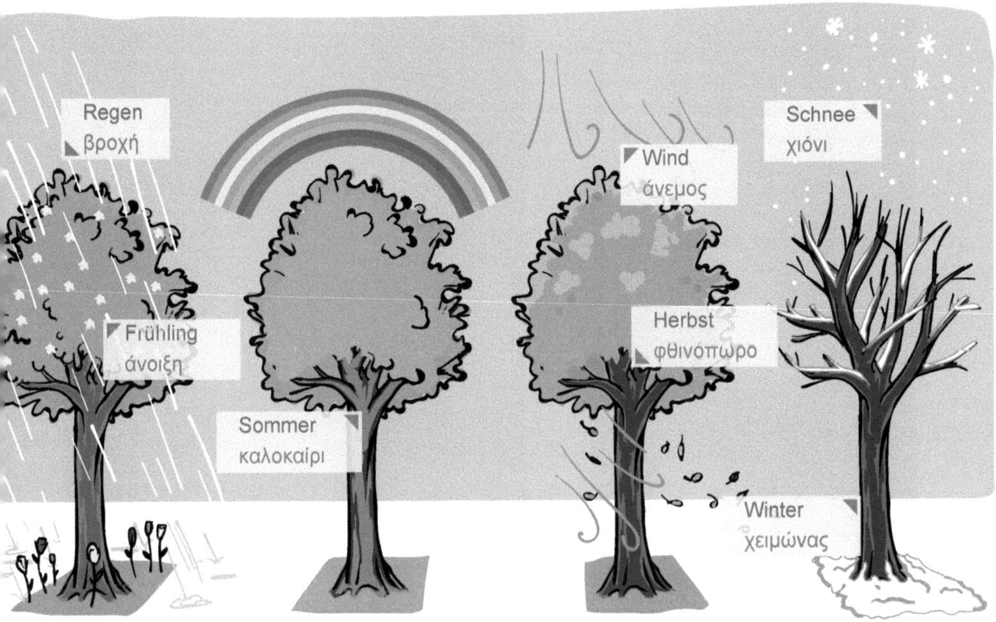

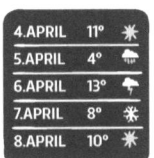

Wettervorhersage

πρόγνωση καιρού

F C
120 40
90 30
60 20
30 10
0 0
-30 -10
-20

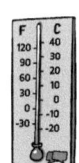

Thermometer

θερμόμετρο

Sonnenschein

λιακάδα

Wolke

σύννεφο

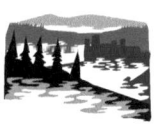

Nebel

ομίχλη

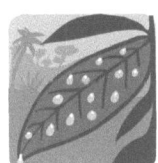

Luftfeuchtigkeit

υγρασία

Blitz

αστραπή

Donner

κεραυνός

Sturm

καταιγίδα

Hagel

χαλάζι

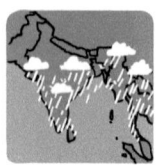

Monsun

μουσώνας

Flut

πλημμύρα

Eis

πάγος

Januar

Ιανουάριος

Februar

Φεβρουάριος

März

Μάρτιος

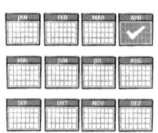

April

Απρίλιος

Mai

Μάιος

Juni

Ιούνιος

Juli

Ιούλιος

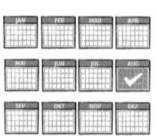

August

Αύγουστος

Jahr - έτος

 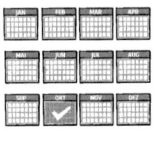 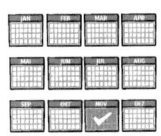

September
Σεπτέμβριος

Oktober
Οκτώβριος

November
Νοέμβριος

Dezember
Δεκέμβριος

# Formen
## σχήματα

Kreis
κύκλος

Quadrat
τετράγωνο

Rechteck
ορθογώνιο
παραλληλόγραμμο

Dreieck
τρίγωνο

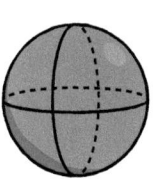

Kugel
σφαίρα

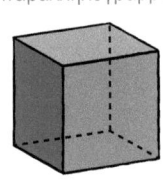

Würfel
κύβος

weiß
άσπρο

gelb
κίτρινο

orange
πορτοκαλί

pink
ροζ

rot
κόκκινο

lila
μωβ

blau
μπλε

grün
πράσινο

braun
καφέ

grau
γκρι

schwarz
μαύρο

viel / wenig
πολύ / λίγο

wütend / friedlich
θυμωμένος / ήρεμος

hübsch / hässlich
όμορφος / άσχημος

Anfang / Ende
αρχή / τέλος

groß / klein
μεγάλος / μικρός

hell / dunkel
φωτεινός / σκοτεινός

Bruder / Schwester
αδελφός / αδελφή

sauber / schmutzig
καθαρός / λερωμένος

vollständig / unvollständig
πλήρης / ατελής

Tag / Nacht
ημέρα / νύχτα

tot / lebendig
νεκρός / ζωντανός

breit / schmal
φαρδύς / στενός

genießbar / ungenießbar

βρώσιμος / μη βρώσιμος

böse / freundlich

κακός / ευγενικός

aufgeregt / gelangweilt

ενθουσιασμένος /
βαριεστημένος

dick / dünn

παχύς / λεπτός

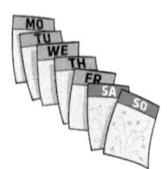

zuerst / zuletzt

πρώτος / τελευταίος

Freund / Feind

φίλος / εχθρός

voll / leer

γεμάτος / άδειος

hart / weich

σκληρός / μαλακός

schwer / leicht

βαρύς / ελαφρύς

Hunger / Durst

πείνα / δίψα

krank / gesund

άρρωστος / υγιής

illegal / legal

παράνομος / νόμιμος

intelligent / dumm

έξυπνος / χαζός

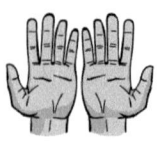

links / rechts

αριστερός / δεξιός

nah / fern

κοντινός / μακρινός

86    Gegenteile - αντίθετα

neu / gebraucht

καινούριος /
μεταχειρισμένος

nichts / etwas

τίποτα / κάτι

alt / jung

γέρος | νέος

an / aus

αναμμένος / σβηστός

offen / geschlossen

ανοιχτός / κλειστός

leise / laut

χαμηλόφωνος /
μεγαλόφωνος

reich / arm

πλούσιος / φτωχός

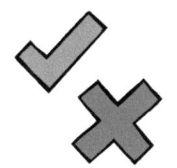

richtig / falsch

σωστός / λανθασμένος

rau / glatt

τραχύς / λείος

traurig / glücklich

υπημένος / χαρούμενος

kurz / lang

κοντός / μακρύς

langsam / schnell

αργός / γρήγορος

nass / trocken

υγρός / στεγνός

warm / kühl

ζεστός / δροσερός

Krieg / Frieden

πόλεμος / ειρήνη

**0**

null

μηδέν

**1**

eins

ένα

**2**

zwei

δύο

**3**

drei

τρία

**4**

vier

τέσσερα

**5**

fünf

πέντε

**6**

sechs

έξι

**7**

sieben

εφτά

**8**

acht

οκτώ

**9**

neun

εννιά

**10**

zehn

δέκα

**11**

elf

έντεκα

| **12** | **13** | **14** |
|---|---|---|
| zwölf | dreizehn | vierzehn |
| δώδεκα | δεκατρία | δεκατέσσερα |

| **15** | **16** | **17** |
|---|---|---|
| funfzehn | sechzehn | siebzehn |
| δεκαπέντε | δεκαέξι | δεκαεφτά |

| **18** | **19** | **20** |
|---|---|---|
| achtzehn | neunzehn | zwanzig |
| δεκαοκτώ | δεκαεννέα | είκοσι |

| **100** | **1.000** | **1.000.000** |
|---|---|---|
| hundert | tausend | million |
| εκατό | χίλια | εκατομμύριο |

Englisch

Αγγλικά

Amerikanisches Englisch

Αμερικάνικα Αγγλικά

Chinesisch Mandarin

Μανδαρίνικα Κινέζικα

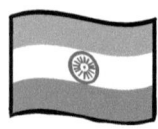

Hindi

Χίντι

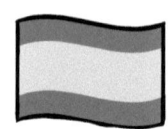

Spanisch

Ισπανικά

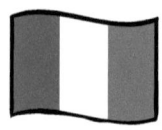

Französisch

Γαλλικά

Arabisch

Αραβικά

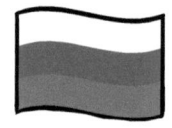

Russisch

Ρώσικα

Portugiesisch

Πορτογαλικά

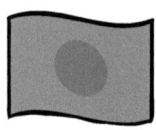

Bengalisch

Μπενγκάλι

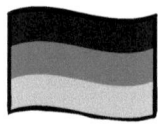

Deutsch

Γερμανικά

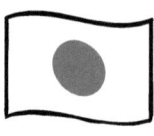

Japanisch

Ιαπωνικά

ich
εγώ

du
εσύ

♂ ♀ ○

er / sie / es
αυτός / αυτή / αυτό

wir
εμείς

ihr
εσείς

sie
αυτοί / αυτές / αυτά

wer?
ποιος / ποια / ποιο;

was?
τι;

wie?
πώς;

wo?
πού;

wann?
πότε;

Name
όνομα

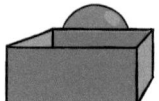

hinter

πίσω

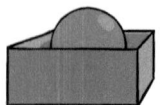

in

μέσα

vor

μπροστά

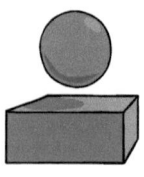

über

πάνω από

auf

πάνω

unter

κάτω

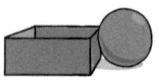

neben

δίπλα

zwischen

ανάμεσα

Ort

μέρος